VENTE

Par suite du décès de

Mme LÉON DROMARD

MEUBLES D'ART

ANCIENS ET DE STYLE

XVIIe ET XVIIIe SIÈCLES

BRONZES, TABLEAUX

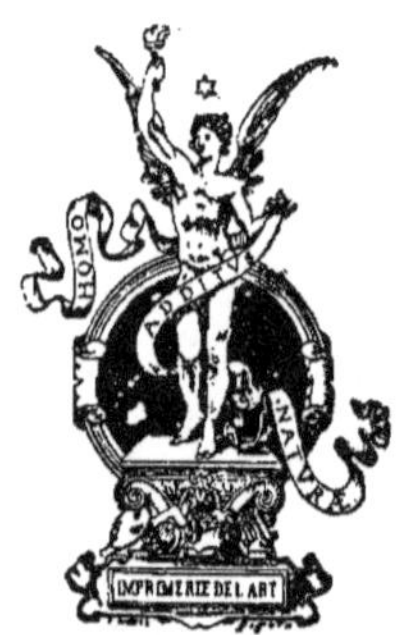

HONO
NATVRA
IMPRIMERIE DE L'ART

CATALOGUE

DE

MEUBLES D'ART

ANCIENS ET DE STYLE

XVIIᵉ ET XVIIIᵉ SIÈCLES

BUREAUX, COMMODES, CHIFFONNIÈRES

BIBLIOTHÈQUES. COINS DE FEU, SIÈGES

Bronzes, Cuivres

TABLEAUX MODERNES, LITHOGRAPHIES

DONT LA VENTE AURA LIEU

Par suite du décès de

MADAME LÉON DROMARD

HOTEL DROUOT, SALLE Nᵒ 6

Le Mercredi 3o Mai 1894, à 2 heures

COMMISSAIRE-PRISEUR	EXPERT
Mᵉ M. DELESTRE	**M. B. LASQUIN**
27, rue Drouot, 27	12, rue Laffitte. 12

Chez lesquels se trouve le présent Catalogue

EXPOSITION PUBLIQUE

Le Mardi 29 Mai 1894, de 1 heure 1/2 à 5 heures 1/2

CONDITIONS DE LA VENTE

La vente sera faite au comptant.

Les acquéreurs payeront *cinq pour cent* en sus des en-
chères.

L'exposition mettant le public à même de se rendre
compte de l'état des objets, aucune réclamation ne sera
admise une fois l'adjudication prononcée.

Paris. — Imp. de l'Art, E. Moreau et Cⁱᵉ, 41, rue de la Victoire.

DÉSIGNATION DES OBJETS

MEUBLES DE STYLE

1 — Vitrine d'entre-deux de style Louis XVI, en bois
d'acajou finement mouluré et à montants cannelés,
garnie de baguettes, de rangs de perles et de chutes
feuilles de lauriers en bronze doré. Dessus de marbre
bleu turquin, à galerie de cuivre découpé à grecques
et doré. — Haut., 1 m. 38 cent., larg., 60 cent.

2 — Petite armoire d'entre-deux de style Louis XVI,
ouvrant à une porte pleine, en bois d'acajou mou-
cheté, garnie de baguettes, de rangs de perles et de
chutes feuilles de lauriers en bronze doré. Dessus
de marbre bleu turquin entouré d'une galerie de
cuivre découpé et doré. — Haut., 1 m. 40 cent.; larg.,
56 cent.

3 — Petite bibliothèque, dite coin de feu, de style
Louis XV, à côtés et devant cintrés, portes à rideaux
brisés en bois de violette. Elle est ornée de chutes, de
sabots et de moulures à la base. Dessus de brèche
d'Alep mouluré. — Haut., 98 cent.; larg., 83 cent.

4 — Petite bibliothèque analogue à la précédente, mais
de contours variées. — Haut., 98 cent.; larg., 83 cent.

5 — Bibliothèque analogue aux précédentes, celle-ci sans porte.

6 — Petite bibliothèque style Louis XVI, dite coin de feu, en bois d'acajou genre Riesener, à pans coupés, à pilastres cannelés, garnie de moulures de bronze doré. Dessus de marbre bleu turquin, à galerie. — Haut., 1 m. 5 cent.; larg., 78 cent.

7-8 — Deux petites bibliothèques analogues à la précédente, celles-ci avec portes à rideaux brisés. Dessus de marbre bleu turquin, à galerie. — Haut., 1 m. 5 cent.; larg., 78 cent.

9 — Bibliothèque d'entre-deux, sans porte, style Louis XV, en bois de violette, à côtés cintrés, coins arrondis. garnie de bronzes dorés. — Haut., 1 m. 66 cent.; larg., 64 cent.; profondeur, 18 cent.

10 — Bibliothèque d'entre-deux analogue à la précédente.

11 — Petite vitrine à suspendre, ouvrant à une porte vitrée, en bois d'acajou orné de bronzes dorés, moulures diverses et frise de feuilles de laurier. Style Louis XVI. — Haut., 82 cent.: larg., 63 cent.

12 — Petite vitrine analogue à la précédente, avec quelques modifications dans l'ornementation des bronzes. — Haut., 82 cent.; larg. 63 cent.

13 à 15 — Trois petites tables à thé en bois de fer, à pieds-de-biche Louis XIV, forme dite hollandaise, à dessus canné. — Long., 60 cent.: larg., 40 cent.

16 — Fauteuil de bureau du plus riche modèle Louis XVI, en bois d'acajou finement sculpté sur toutes faces, à piastres, entrelacs, rais de cœur, perles et baguettes enroulés. Le siège tournant repose sur un tore de lauriers et quatre pieds fuselés à entrejambes en rosace. Il est foncé de canne.

17 — Quatre chaises d'un joli modèle Louis XV, en noyer sculpté, à siège et dossier cannés.

18 — Chaise large Louis XVI, en noyer sculpté et canné. (Modèle.)

19 à 23 — Cinq tabourets de pieds de style Louis XVI, en bois finement sculpté et doré à pieds fuselés, ornés d'enroulements de rosaces et de rangs de perles.

24 — Petit fauteuil d'enfant, style Louis XIII, modèle balustre, bois noir et or, garni d'étoffe de soie.

25 — Support de lampe à trépied et tige balustre, style Louis XVI, en acajou sculpté. Dessus de marbre brèche.

26 — Coffre rectangulaire ancien à cage en bronze doré avec poignées sur les côtés, garni de velours rouge à l'extérieur.

27 — Cartonnier à six tiroirs en maroquin rouge à monture de bronze revêtue d'ancienne soierie verte brochée.

28 — Petite étagère d'encoignure, forme chinoise, décor
vert d'eau.

29-30 — Deux autres étagères analogues, laquées brun.

31 — Écran de cheminée à deux faces en bois sculpté et
doré à quadrillages. Style Louis XIV.

32 — Table style Louis XIII, en noyer avec entrejambe
en X. — Long., 90 cent.; larg., 60 cent.

33 — Petite commode à bijoux, style Régence, en bois
de violette, ornée de bronzes. Dessus de marbre.

34 — Petite commode de même forme, celle-ci en bois
laqué.

35 — Petite commode à bijoux ancienne, en vernis Mar-
tin, modèle des précédentes.

36 — Torchère style Louis XIV, en bois doré, supportée
par une figure d'enfant debout sur un trépied à vo-
lutes de feuillages.

37 — Cartonnier à cage en bronze doré, garni de brocart
ancien, contenant cinq cartons en maroquin doré
aux fers.

38 — Écran de fenêtre à deux feuilles en bois de noyer
sculpté à double face, de style Louis XIV.

39 — Gaine d'horloge style Louis XVI, en chêne sculpté.

MEUBLES ANCIENS

41 — Beau bureau plat Louis XVI, en bois de rose, orné
de bronzes ciselés et dorés. Les pieds gainés et carrés
sont garnis de torsades sur les angles, et de motifs de
feuilles de lauriers, retenus par des nœuds de rubans.
La ceinture à trois tiroirs avec moulures de rais de
cœur, anneaux, rosaces et cartouches, est surmontée
d'un quart de rond en cuivre doré. Dessus de maroquin. — Long., 1 m. 68 cent.; larg., 81 cent.

42 — Petite armoire-bibliothèque Régence, à hauteur
d'appui, à angles arrondis, et ouvrant à deux portes
pleines. Elle est plaquée en bois satiné, garnie de
chutes de feuilles de lauriers, d'encadrements, de
moulures et de divers motifs d'ornements en bronze
ciselé et doré. Dessus de brèche d'Alep. — Haut.,
1 m. 10 cent.; larg., 84 cent.

43 — Table-bureau Louis XVI, en acajou, à quatre pieds
carrés, cannelés, reliés par un entrejambe en X, avec
plateau au centre. La ceinture renferme deux tiroirs.
Il est garni de moulures, de rosaces et de médaillons
en bronze doré. Dessus entouré d'un quart de rond
en cuivre et garni de maroquin. — Long., 96 cent.;
larg., 58 cent.

44 — Petite commode Régence, à deux tiroirs, sur pieds
élevés à contours, ornée de chutes, d'encadrements,
de tiroirs et de poignées en bronze doré. Dessus de
brèche d'Alep. — Haut., 84 cent.; larg., 94 cent.

45 — Petit secrétaire Louis XVI, en bois d'acajou mou-

cheté, à montants cannelés, le bas à trois tiroirs. Il est orné de moulures en bronze doré. Dessus de marbre en vert antique à galerie. — Haut., 1 m. 30 cent; larg., 60 cent.

46 — Petite chiffonnière Louis XV, forme contournée, sur pieds élevés, à deux tiroirs, garnie d'encadrements et de poignées rocaille en bronze doré. Dessus de brèche d'Alep à galerie. — Larg., 55 cent.

47 — Petite chiffonnière Louis XV, en bois de violette, à deux tiroirs, sur pieds élevés à contours, à encadrements sur les côtés et sur les tiroirs. Dessus de marbre vert de mer, à demi-galerie de bronze. — Larg., 57 cent.

48 — Commode Régence, à trois rangs de tiroirs, forme contournée, en placage de bois de violette, ornée de bronzes de style. Dessus de marbre Canipan.

49 — Petite table à ouvrage Louis XV, à pieds contournés, en bois de violette, avec tablette d'entrejambe, garnie de bronze. Dessus de marbre brèche, avec galerie unie. — Long., 38 cent; larg., 29 cent.

50 — Petite commode Louis XV, à deux tiroirs, à côtés et devants cintrés en bois de rose, bois de violette et marqueterie; tiroirs et côtés encadrés de bronze et de poignées à crochet. Dessus de marbre brèche. — Larg., 64 cent.

51 — Petite table-chiffonnière, style Louis XV, en bois de rose et marqueterie à médaillons de fleurs. Elle s'ouvre à abattant et contient trois tiroirs. Les pieds

contournés sont reliés par une tablette d'entrejambe.
— Long., 30 cent.; larg., 24 cent.

52 — Bibliothèque Louis XV, à deux portes vitrées, en
chêne sculpté et mouluré. — Haut., 2 m. 20 cent;
larg., 1 m. 32 cent.

53 — Baromètre Louis XIV, à cadre en bois sculpté et
doré.

54 — Bois de banquette Louis XVI, en bois sculpté sur
les quatre faces, à huit pieds fuselés et ceinture à lauriers. — Long., 1 m. 75 cent.

55 — Petite chiffonnière Louis XV, à deux tiroirs, sur
pieds élevés à contours, en bois de violette, ornée
d'encadrements et de poignées sur les tiroirs et sur
côtés. Dessus de marbre vert de mer, avec demi-
galerie de bronze. — Larg., 55 cent.

56 — Petite commode Louis XV à trois tiroirs, en ronce
et bois satiné, avec côtés et tiroirs à cadres en bronze,
poignées et chutes rocailles. Dessus de brèche à moulures. — Larg., 70 cent.

57 — Petite tricoteuse à plateau octogone à rebords et
deux tablettes en acajou à baguettes de cuivre.

58 — Bois de fauteuil Régence en bois sculpté et doré.

59 — Chaise Louis XVI à dossier, médaillon cintré et
fond ovale, en bois sculpté à lauriers et rubans.

60 — Meuble-Scriban ancien ouvrant à abattant et garni
de trois tiroirs à contours en ronce de noyer. L'inté-

rieur avec pupitre mobile et tiroirs, garni de poignées de bronze doré.

61 — Petite vitrine Louis XIV en bois de violette.

62 — Armoire Louis XVI à deux portes pleines en acajou. Dessus de marbre blanc. — Haut., 1 m. 50 cent.; larg., 93 cent.

63 — Table de nuit Louis XV en bois satiné avec dessus de marbre brèche, garnie de cadres et de poignées de bronze sur les côtés.

64 — Chiffonnière Louis XV en bois de violette à deux tiroirs, sur pieds élevés, garnie de poignées à crochets sur les tiroirs et de deux autres sur les côtés. Dessus de marbre brocatelle avec demi-galerie en bronze doré. — Larg., 60 cent.

65 — Petite armoire ancienne à suspendre, à deux portes, en bois de rose.

66 — Dessus de cabinet Louis XIII en bois marqueté.

67 — Glace Louis XIII à large bordure en bois noir guilloché à ressauts. — Haut., 1 m. 20 cent.; larg., 1 mètre.

68 — Baromètre à cadre Louis XIV en bois sculpté.

69 — Petit meuble à deux portes et tiroir Louis XV, en bois satiné, sur pieds élevés et garni de bronzes dorés.

70 — Petit meuble Louis XV, en bois de violette et satiné

à contours, ouvrant à une porte et un tiroir, garni
d'encadrements et d'ornements de bronze. Dessus de
brocatelle.

71 — Petite chiffonnière à deux tiroirs Louis XV, à contours, à poignées, chutes et ornements rocaille en
bronze doré. Dessus de marbre brèche.

72 — Miroir à bordure en bois noir guilloché. Louis XIV.
Haut., 75 cent.; larg., 65 cent.

73 — Commode Régence à trois rangs de tiroirs en bois
de placage, garnie de riches ornements en bronze
doré. Dessus de marbre.

74 — Table Henri II, à rallonges, en bois de noyer.

BRONZES ET OBJETS DIVERS

75 — Deux chenets de style Louis XVI, formés de figures
d'enfants en bronze patiné vert, sur terrasses en
bronze doré avec frises jeux d'enfants.

76 — Deux appliques style Louis XIV, en bronze doré, à
deux bras porte-lumières appliqués sur médaillons
ovales à mascarons.

77 — Deux paires d'appliques à deux lumières à cariatides en bronze doré.

78 — Deux petits flambeaux modèle Louis XIII, en
bronze.

79 — Serrure Louis XV, avec sa gache, en bronze.

80 — Serrure Empire, avec sa gache, en bronze.

81 — Deux paires de flambeaux en bronze doré, tiges à cariatides.

82 — Deux autres flambeaux en bronze doré à ornements.

83 — Deux bras-appliques. Genre Louis XIV.

84 — Deux petits mascarons en bronze, formant consoles.

85 — Grande fontaine ancienne en cuivre rouge, montée sur pied en bois peint.

86 — Autre fontaine en cuivre rouge montée sur un support en bois peint.

87 — Buste d'empereur romain grandeur nature en marbre blanc du XVIIe siècle.

88 — Panneau en imitation de tapisserie à sujet Louis XV.

89 — Un tabouret en porcelaine de Chine vert d'eau.

TABLEAUX

90 — ROSA DE TIVOLI. *Chèvres et légumes.*

91 — PETIT (EUGÈNE. *Bouquet de roses dans un vase japonais.*

92 — PETIT (EUG.) *Bouquet de pivoines dans un vase de faïence.*

93 — FLEURY CHENU. *Paysage ; effet de neige.*

94 — MATHON (E. . 1877. *Entrée du port de Dieppe.*

95 — Huit lithographies d'après Decamps, sujets de l'histoire de Samson.